Fia wås

(... i schreibm dua)

AF198665

Klaus Ebner

Fia wås

(... i schreibm dua)

Bibliografische Information der Deutschen Nationalbibliothek:
Die Deutsche Nationalbibliothek verzeichnet diese Publika-
tion in der Deutschen Nationalbibliografie; detaillierte biblio-
grafische Daten sind im Internet über http://dnb.dnb.de
abrufbar.

Buachmauntl: Klaus Ebner mit an Büdl vo da Dschänet Gooch
auf Pixabay, www.pixabay.com, und an Foto vom
Koarl Grabherr, www.grabherr-photography.com
Gmåcht und valegt: BoD–Books on Demand, Norderstedt
Brintäd in sä Juropiiän Junjon – Printed in the European Union
ISBN: 978-3-751907439

Inhoizvazeichnis

De Fråg

Vo gaunz allaa stööt si jeda Schriftstölla amoi de Fråg, *fia wås* er oda sie iwahaupt schreibm duat. ... In dera Årt håb i des glesn; in Zeidungsartikl wia in dem Powidl, den a poa Dinterln drunta dazuaklatschkat haum, und sicha aa in de literaturwissnschåftlichn Åbhaundlungan. Åba is des aa fränk so? Wäu mir kamat des ehrlich gsågt a Nünzerl ändas vua. Des san ned de Schreiba söba, de wås si des frågn, wäu's irgndwia aus ana innaren Notwendigkeit außa des duan miassatn, des san de ändan, de's dauand lächan, des soziale Umföd, ålle, de wås dena ihre Biacha daun lesn, de Hawara und de Mischpoch, und bevua ma's vagessn, aa de Zeidungsschapsln und de Gstudierdn vau da Uni, de ojwäu wissn woin, wås an eigentlich auschtupfat, dass a zerscht tadellosa Mensch auf amoi a Dintnbrunza wiad.

De Fråg nåchn Fia-wås-ana-fööbat daddat jå gråd nåch ana Rechtfertigung valängan. Åba fia wås soi ma si rechtfertign? Då kenntat ma jå glaubm, de Schriftstölla – und es wissts eh, dass i då ojwäu de Weiberln genauso maan wia de Manderln – fållat'n auße aus da Gsööschåft, san *Autlåås*, san vaauntwurtungslos draamhappat und

7

autritschgat. I maan, a Äuzerl spinnat samma jå meglichaweis eh, wäu wauma ana Berufung nåcheifat, de zwoa vüü Gsturi måcht, åba ka Gerschtl eifoat (und vua oim sans nuar a poa, de wås dafo lebm kenna), daun fråg i mi scho, wås des mit an Gschäftl oder iwahaupt mit ana Vanunft z duan håt.

So gsegn håb i mi nia gfrågt, *fia wås* i eigentlich schreibm dua. Des Schreibm ghert zu mir; des is a Ausdruck meina Söö, und i kenntat ma's ohne des genauso ned vuastöön, wia waun i kan Haxn oder kane Kläwen mehr häddat. Åba kloa, mii haums des jå aa scho gfrågt, und ned nua amoi; und ojwäu håb i de Leit schmähstad und mit soichane Guckascheckn augstiert (ojso deppat), und i håb ned gwusst, wås i eana sågn soi. Vielleicht håb i aa goa ned iwarissn, *wås* de mi då gfrågt haum. Åba waun gmiadlich vüü Wåssa de Donau åwerinnt, daun måcht am des scho a bisl a Kopfzabrechn.

De Fråg ojso, des *Fia-wås*, is scho a wengal gfinklt. Wauma des ernst nimmt und am End sowås wia'r a Auntwurt haum wü, daun soitat ma einespechtln, wia des gwåksn is, wia'r i, am Aufaung und ojs a Gschråpp, pomali zu dem wurn bin, der i heit bin.

Da Aufaung

Eh kloa, dass ållas aufaungt, waunst no a Baumpaledsch bist. Åba i wü ned, dass då aa scho ana frågt, *fia wås*, wäu vüü vau dem, wås si in da Kindheit åspüüt, is hundatpro ned gsteiat, und deswegn wiad aa vüü untam Tewwich bleibm. Dass de Språch irgndwia meins is, des håt si scho frua zaagt. Mei Mutta håt oft gsågt, dass i scho mit *aan Joahr* gredt häddat wia'r a Keisa, in gaunze Sätz und a so. I dua ma echt schwaa, des z glaubm, wäu ka anziga Gschråpp um mi umadum (aa ned meine eiganan) håt mit aan Joahr so wöötisch gredt, wia sie gsågt häddat.

Wås i no guat waaß, is, dass' in de erschtn Joahr vo meim Lebm sowås wia an Dialekt oder, wia ma heit aa sågt, an *Schargō* iwahaupt ned gebm håt. Gwohnt hauma in Wean, und fia meine Oidn wårs imma wichtig, dass ihr Bua aafåch *schee* redt; des håt ghaaßn *nåch da Schrift*, oft haums aa gsågt: *hochdeitsch*, wås eigentlich a klaans Fopatscherl is. (In meina Famülie håt nämlich kana gwusst, dass eigentlich ållas, wås Obadeitsch oder Mitteldeitsch is, sowieso zum Hochdeitschn ghert, und nur des Niadadeitsche – Plått – gaunz obm bei de Piefkinäsa, des fållat gaunz auße.) Bei meine Leit håt kana an Dialekt

9

gredt oda an Schargō; sowås wia'r a Mundårt håb i, wauns guat geht, vielleicht aunsåtzweis im Summa ghert, im Urlaub in Kärntn (bsundas am Klopeina See); und da Kindagoatn woar a Gåstspüü vona poa Wochn, ojso nix, wås irgndwia eigsickert warat.

Amoi, då wår i no a Fledawisch mit viere oda fümfe, is mei Mutta im Stiagnhaus auf mi zuwegschossn (åba i waaß nimma, wås ma durt eigentlich valuarn haum) und is mi āgaungan, dass i a *gaunz schiachs* Wurt gsågt häddat. I håb ka Aunung ghåbt, vo wås sie då redt, und des håt daun an klaan Kööch ausglääst: I woit ma des ned gfoin låssn, wäu i häddat hoit scho gern gwusst, wås fia'r a Rawuzl då ums Eck nåsat. Deswegn bin i ihr zuwegstiegn, dass ma endlich varråt, wås des fira Wurt gwesn sei soitat, wäu nur so häddat i sågn kenna, ob des fränk aus meina Schnådan außekumma is oda ned. A hoibe Stund (åba woascheinlich woans nua zehn Minutn oda so) håts dauat, bis' endlich mit dem *schiachn Wurt* außegruckt is. I håb des zum erstn Moi in meim Lebn ghert; obs so richtig prolotiaf woa, waaß i nimma, åba i bimma sicha, dass des irgnd a *Släng* woa.

Zua Mundårt vau Wean, ojso dem Schargō, bin i erscht in da Mittlschui kumma, åba nua, waun i mit meine Hawara oder Schuikaumarådn allaa woa. Wäu de Mundårt und da Dialekt, de woan no nia mei eigane Loschn – de woan wås Goaschtigs, wo's mi jeds Moi åbeidlt håt, waun i so tā håb, ojs warat i då dahaam. Dass i mit de Lehra in da Schui *nåch da Schrift* redn kenna und eigentlich miassn håb, des woa so richtig *pipifein* fia mi. (Åba de zwaa Wappler, de wås glaubt haum, sie miassatn ojs Lehra imma im Dialekt redn, wäu's nua'r a so bei de Rotzpippn an Auftråg haum, de håb i glei ååghagglt; dafia haums ma daun an Fetzn nåchn āndan ojs *pädagogische* Retourkutschn eineghaut.)

Dass amoi Fremdspråchn zua meine Puppaln wean daddatn, des häddat si in da Untastufn no kana profezein traut. Wia'r a Schermaus håt si in mei Hian de ållaerschte Englisch-Schuloaweit eigråbm (a Fåch, des wås i am Aufaung, kummt ma vua, ojs unta meim Weat gsegn håb), wäu då håts a Fråg gebm, de håt original ghaaßn: *Daas jooa fränd spiik Dschöamän?* Aufpasst håb i jå nia, åba ans håb i scho gwusst: dass de Englända ålle Eignnauman groß schreibm. Ojso håb i mei Feda gnumma und mit fösnfesta Iwazeigung ins Heftl einegfetzt: *Jääs, Dschöamän is mei fränd.*

In da Drittn hauma Latein dazuakriagt. Seks Joahr lāng: Nau des woar a Oaschkoartn! Dass i trotzdem ned duachgrasslt bin, woa wegnam Lehrer in da Obastufn, wäu der håt des gspiat,

11

dass i a Talent håb (hoit ned im Lateinischn), und daun håt a mi aafåch bei de Widln gnumma und duachgschliffm.

Åba daun, im Summa vua da Fümftn, bin i wia da Nåckate in Französisch einedunnat. Wås soll i sågn: Liebe auf den erstn Blick! Scho im erschtn Joahr håb i de gaunze Klass ååghängt, und dahaam håb i Dillo mir ändare romanische Språchn aa no augschaut. Des woa ma (und is ma no imma) a Muadsgaude; si soiche Språchn eineziagn und aa no gaunz ändare auknabban. Und jeds Moi bin i bei de Biachln bickn bliebm, bei de gaunz fettn Roman-Wööza und de Dazölungan iwa ändare Vööka, bei de Gstanzln und sogoa beim Theata. I håb mi boid gwundat, dass de literaturwissnschåftlichn Bezeichnungan iwaroi a Nünzerl ändas san, und i håb Schriftstöllanauman åwerassln kennan, de wås meine Schuifreind no nia ghert haum.

De Biachln (Aans)

Da Schargō und da Dialekt ghean ojso ned zu meina literarischn Ausståttung. Åba des, wås a österreichische Hochspråch is, und des Deitsch vau de Biachln, des jåå. Zum Lesn håb i frua augfaungt, scho in da Voiksschuizeit, glei, wia'r i, aa wäu de Mutta uandlich āgast håt, a bisl wås lesn kenna håb. I kaumi no erinnan, dass i so a Serie ghåbt håb, lauta Biachln fia Gschråppn, ålle mit an dunklrodn Ruckn. Des woan Klassika da Literatur; a poa haums extra gschriebm fia de Wusln, åba ålle āndan woan vakiazte und va'aafåchte Wööza aus da Wödliteratur. Då håb i ghåbt *De Schåtzinsl* und den *Tom Såaja*, den *Mobi Dick* und de *Gullivas Reisn.* Erscht a poa Joahr speeda is ma daun aufgfoin, dass des lauta Iwatrågungan ausm Englischn woan, mit wås mi meine Herrschåftn (åba ohne dass ma wås auduan woitatn) gfiadat haum. Kā scho sei, dass i aa *Zwanzgdausnd Mäun untam Meer* ghåbt håb oder den *Pinotschio,* åba des warat ma daun entfoin. Gmerkt håb i ma a Biachl iwa an Indianabuam, der, woascheinlich im 17. oda 18. Joahrhundat in de Wööda vo de Appalatschn glebt håt; seine Leit haum eam a Muatprobm eibrockt, wo'r a beweisn miassn häddat, dass ma si in seim Oita scho auf eam valåssn kã; er håt si daun im Woid vairrt und mit seim Erwåksnwern graaft. I glaub, des woa nix *Illustres*, wäu wia des Buach ghaaßn håt, des is aus meim Blutza vaschwundn wia de Wuascht vom Sauakraut.

Fia Weihnåchtn håb i ma Listn zuaglegt, damit i gaunz genau vuagebm kunntat, wer vau da Mischpoch mir wööches Buach schenkn soitat. Bei da Großtant håb i gwusst, då muass i ma den Katalog vom Donaulaund eineziagn, åba bei de ãndan woas aafåcha. Normalaweis håt des lawradutti hiighaut – wäu meine Oidn haum scho drauf gschaut, dass des ruckizucki eikauft wiad. I maan, i woa no nedamoi zehne, ojs i *De vieazg Tåg vom Musa Dagh* vom Fraunz Werfel haum woitat. Woascheinlich håt ma des Büdl vom Buachtitl zuagsågt, wäu glesn håb i den Wööza daun ned; fia des håb i no a poa Joahrzehnt braucht. In da Untastufm håb i daun de Biachln vom Koarl May gsaummlt, vo de wås i glaubt håb, dass' ålle unhamlich legendär waratn. Glesn håb i åba imma nua de Biacha, de wås in Nord- oder Südamerika gspüüt haum. Wia'r i daun in ana Fernsehschoo gnissn håb, dass den May außa in de Lända, in de wås ma eh deitsch redt, echt kaa Sau kennt, bin i dågstaundn wia'r a augmoida Kimmltirk. In meine Weihnåchtslistn san Såchbiacha gstaundn und de erschtn

Klassika vau da Wöödliteratur. Ojs i daun, gfüüd mit fuffzehne, mit meim Spezi, dem Peter, auf de angloamerikanische *Seijäns-Fiktschn* gstässn bin und a englisches Biachl nåchn ändan gfressn håb, då håb i ma de scho söba kauft (wäu de SF-Tåschnbiacha woan büllich). Gaunz vo allaa håt si daun da Wunsch eigstööt, dass ma aa söba Seijäns-Fiktschn-Storis zaumfööban, und mit dena håb i daun de Lehra in Englisch und Französisch sauba quööt, wäu de hauma daun meine duachkleschtn und gaunzgaunz eng åwetipptn Gschichtln vabessan miassn (und des haums freiwüllich dåå – liaba späd ojs nia såg i heit daunkschee dafia!).

Zua wöchanam Punkt i ma daun mehr *echte* Literatur aufgrissn håb, des waaß i nimma. Åba gmerkt håb i ma, wia'r i zum erschtn Moi *Da Prozess* vom Kafka glesn håb: Wäu då håb i aafåch goa nix iwanåsat; i håb mi duach an sauzaachn Text quööt, und nåch zwaa Seitn håb i nimma gwusst, wås i eigentlich glesn håb. Heit kenntat i mi iwa des ois zawuzln, wäu da *Prozess* vom Kafka ghert fia mii zua *Noblesse* vau da Wöödliteratur.

Und de Wöödliteratur håb i ma daun aa zua Deitsch-Matura gebm. Wäu mei Leselistn woar a Gwimme vo lauta Fremdspråchign (in Deitsch iwatrågn, eh kloa), und de Lehrarin is ma zuwe-

stign, dass i då a bisl zaumraam und vüü mehr
Göthe-Schilla-Stifta-Schnitzla einedua. Jetz håb i in
Scheam aufghåbt, wäu i bin ihr ned auskumma.
(Åba bei da Matura is ma's Gimpfte aufgaunga,
wäu sie håt ma ka anzige Fråg iwa mei hochva-
ehrte Wöödliteratur gstööt.)

In da Åchtn håb i ma z Weihnåchtn vo mei-
ne Öötan a neiche Kassettn mi'm Gesaumtwerk
vom Paul Celan gwunschn. Ojs daun nix untam
Baam glegn is, håts ma an uandlichn Stich gebm,
åba i håb gaunz tåpfa de Goo ghoidn. Eascht ojs
mei Mutta mi auf'd Seitn gnumma und mir gsågt
håt, dass de Liefarung vom Valåg z lång dauat
hǟddat und sie ma an Gutschein in'd Haund
druckt håt, is ma's Lieserl wieda aufgaungan
(und i woitat gschamig in Bodn einefoan, wäul i
boid wia'r a Treanschn dǟǟ hǟddat). Nåch de
Feiatåg bin i zua der Buachhaundlung am Gråbn
beim Steffl åwezogn (de's heit scho lång nimma
gibt), und i såg da's, i hauma an Haxn ausgfreit
wia nua wås, wäul i an neichn Schåtz hebm ken-
na håb.

De Auschtachla

Kã scho sei, dass i des zuma Sãgn vagessn hãb:
A gaunza Haufm vau Schriftstölla hãt si Auf-
zeichnungan gmãcht zua dem Thema, Essays
oder Biachln gschriebm. Dass ma si ojs Dintn-
klecksa aa soichane Textln ãschaut, is eh kloa.
Und a so – und so hãb i des gmaant mi'm Va-
gessn – bin i scho in da Literatur iwa de Frãg
nãchn Fia-wãs gstoipat. Alaa scho wegn meine
Studien zua Filologie hãb i mi dena ihre Wurt-
spendn ned vawehrn kenna.

Ana da Erschtn, der fia mi de Frãg, fia wãs
ana schreibt, aufn Tisch glegt hãt, woa da Schã-
Pol Sartre. A Dichta und a Filosof, dem seine
Biacha i scho ojs Penneela gern ghãbt hãb. De
Theatastickln und Romane hãb i auffe und ãwe
glesn, a bisl hãb i aa in de Filosofie vom Sartre
einegschnuppat, genauso wia in de Gschichtln,
de wãs a iwa si söba gschriebm hãt, und daun
bin i iwa des Biachl *Käskö la litteratür* ? purzlt.
Ned so ojs a Student, ãba ojs a ãgehenda Dintn-
brunza hãb i den Essay so a richtig schnabuliert
(und a poa Joahr speeda no a zweits Moi ãwe-
gschlungan). In seine messaschoafn Vuastöl-
lungan vom Existenzialismus is da Sartre ned vo
seina Idãä ãwekumma, dass de Literatur ohne a

17

(politisches) Āngaschmā goa ned existiern daddat oder, in an soichn Foi, nuar a Schaas im Woid is. Dafia håt a vüü Beispüü baraat, oaweit des politische und aa des soziale Āngaschmā vo vüüle Textln aus seina Zeit auße, åba im söbm Åtmzuag haut a dena Autorn s Hackl ins Kreiz, de vüü mehr vau da Kunst aun sich hoidn, de vom Symbolismus her kumma san oda si gaunz entschiedn des Satzale *lar puua lar* auf de Faunan bickt haum. Literatur duat ma, håt da Sartre gsågt, ojwäu fia āndare schreibm, und deswegn kaunst da des Gschichtl mit da *Kunst iwa ållas* aafåch in'd Hoa schmiern.

Fräulich, des Biachl vom Sartre håt bei mir eigschlågn wia'r a Bombm. Des håt so richtig mei hoibstoakes Goderl kråtzt, und waun i ma heit meine åådrahdn Publikazionen in Literaturzeidschriftn vo daumois āschau, daun is ma kloa, dass i zua der Zeit söba probiert håb, mi auf irgnd a Oat gsööschåftspolitisch zu āngaschiern, und des håb i in meine Textln ummebringa woin. Trotzdem håb i beim Lesn vo dem Biachl vom Sartre a unguats Gfüü ghåbt, wäul a glei a gaunze Bartii vo Autorn (de wås i däuweis grenzgenial gfundn håb) so gaunz pauschal ågfotzt und åwedruckt håt, und des håt ma goa ned gschmeckt. So nåch und nåch is ma kloa wurn, dass des *Āngaschmā* vom Sartre zwoa *aa*

18

Grund zum Schreibm is, åba sicha ned da anzige und vua oim kana, der unbedingt sei muass.

De Görtrud Stein håt in ihrm Biachl *Hau tu reit* glei a Stuufm iwasprungan, wäu sie frågt si glei goa ned, fia wås ana schreibt oda schreibm soitat. De håt des aafåch gfressn und schmeißt si auf de Schreibtechnikn und des språchliche Ristzeig, des wås a Schriftstölla vainnalichn soitat, wauna wås Guats fööban wüü.

Da Dschoadsch Orwell håt si wiedarum sei gaunzes (kuazes) Lebm läng mit ana politischn und ideologischn Goschn ausanaundagsetzt. Sei Grund zum Schreibm warat a politisches Ãngaschmã, gaunz wia si da Sartre des vuagstööt häddat, und auf de Fråg, fia wås er des soo måcht, håt er gsågt, des waratn seine Erfoarungan ojs a junga Mau in de britischn Kolonien und daun im Spanischn Biagakriag gwesn. Aa so klingan de Notizzn vo da katalanischn Schriftstöllarin Monnserrat Roig (de aa vüü z frua åtredn is): Sie maant, de Untadrickung vau da katalanischn Bevökarung untam Dscheneralissimo Franco woa schuid drau, dass sie schreibat. Und genauso muass des ihr Laundsmau Schusepp Pla gsegn haum, der in dera Diktatur a wödklasse Literaturwerk gschåffm håt.

In seim Aufsåtz *Wei reit?* schreibat da Pol Auster, dass eam des aafåch zuagfoin is, wäu ojs

19

a Gschråpp håt a amoi des Autogramm vo seim Bejsbol-Kapazunda ned kriagt, wäu kana an Stift eisteckn ghåbt håt, und fia des häddat a si augweent, dass a imma an Beistift in da Dåschn trågt. Und irgndwaun, håt a gmaant, faungst ā, mit dem Stift wås z måchn – und auf dee Oat warat er zum Schriftstölla wurn.

Vüüle meina Kolleginnan und Kollegn findn ojso glei a supaleiwaunde Ausredt, fia wås sie schreibatn; maunche, wia da Sartre, kennan ihra Dichtarei sogoa an theoretischn Rauman zuweschanzn und si in dera Dua: rechtfertign.

Åba meina Söö, i waaß aa ned so recht. I kauma ned wirklich vuastöön, dass ana Literatur schreibm kā, waun so a Vaaunlågung ned scho vo Klaa ā in eam dusln daddat. Kā scho sei, dass ana sehr frua aufaungt, Biacha außezbringa oda ebm vüü speeda, åba i kauma und wüü ma aafåch ned vuastöön, dass' an Grund oda an Ālåss dafia gabat, der eigentlich goa nix mit da Person *per se* z duan håt.

De Schui

Håt de Schui wås z duan damit, waun ana a Schriftstölla wiad? I glaub, des kauma so oda so segn. Eh kloa, dass ma auf da Schui lesn und schreibm lernan. Mir wern (des haaßt, in de 70a und 80a Joahr woa des a so) mit Biachln und Literatur gfiadat und aughoidn, dass ma de Gschichtln und Gstanzln intapretieratn. (De Intapretazion vo da Lyrik kauma si wia de heitige Lebmsmittlindustrie vuastöön: Zerscht zafitzlst ållas in lauta klaane Bräsl, und daun bickstas wieda zaumm, åba nåch ana åndan Rezeptur.) Da Deitschuntarricht (so wia jeda Språchuntarricht), der gråbt si ei in dir, und de Lehra kennan a Talent fia Språchn und Dazölungan entweda in' Himme hebm oda untam Schuach zamerschan. I füü mi guat dabei, waun i sågat, dass de Professorn, de wås i ghåbt håb, zua de Guatmiadign ghert haum, und dabei waaß i nedamoi, ob sie des iwahaupt gnissn haum.

Åba ållas vom Aufang: Vau da Voiksschui waaß i unhamlich wenig, und i håb meina Mutta glaubm miassn, waun sie gsågt håt, dass meina Voiksschuilehrarin a saubas Deitsch wichtig woa, und aa'r a uandliche Rechtschreibung bei de Madln und de Buam in ihra Klass.

Zirka in da Viertn håb i, woascheinlich in de Kaugummipapierln oda bei ãndare Siaßigkeitn, an gaunzn Haufm Rubblbüdln gfundn, de wås ma in Heftln oder Bladdln (und aa auf ãndare Såchn) bickn kenna håt. Mei Mutta håb i um a Vokablheft mit drei Spoitn augsempert, des wås daun mei gaunz privates woa. Auf jeda Seitn håb i a kurzes Gschichtl gschriebm, am Åbnd und maunchmoi scho in da Hapfm, und zwischn de Zäun håb i Büdln einebickt, de wås dazuapassatn. De Gschichtln woan iwa Piraten und Kinäsa, Åbnteia aufm Meer und de Wickl mit de Beschtien, vo dena i daumois glaubt håb, dass im Ozean lebm. Maunchesmoi, då is a Gschicht so lãng wurn, dass i a doppete Seitn gnumma håb; åba kloa, des håt a linke und a rechte Seitn sei miassn, wäu mi des ãgaunga is, waun i mittn in ana Gschicht umbladdln soin häddat. Gaunz pipifein håb i ois mit ana Dintn gschriebm und in *Heinzelmännchenschrift*, ojso in ana Druckschrift, wäu i woitat, dass aa de Nåchwööd mei Schmierasch amoi aufzwierln kunntat. Wauma a Fööla passiert is und i driwaschreibm oder ausradiern miassn håb, daun håb i an Gaachn kriagt, wäu scho daumois håb i mi iwa wås Scheens unhamlich gfrein kenna; wås i mit dem Heftl måchn woitat, des woa'r a *richtig scheens Biachl* mit meine Gschichterln.

Dass mei Gschråppnbiachl ned iwadauat håt, um des duats ma heit eewich laad.

Da näkste Grenzstaa (wauns ana is), iwa den i gstoipat bin, is in da Zweitn vau da Mittlschui gstaundn. I hauma eibüüt, i miassat a Theatastickl schreibm, mit da gaunzn Klass eistudiern und daun in da Schui vua ålle spüün. A Deitsch-Professor (gotichkeit, ned meina) woa daun so liab, dass a auf uns aufpasst håt, des haaßt offiziell: dass er *beigewohnt* häddat (und außekumma is daun, dass a ojwäu eibüslt is und gschnoacht håt, ojs dadda an gaunzn Woid umsagln). Mia haum Krepppapier kauft, an Uhu und foabige Kartons, wäu mia haum gallische Kostüm mit dem Batzerl, wås ma ghåbt haum, bastln miassn. Wäu in meim Stickl is gaungan um de unbesiegboan Gallier in Aremorika – a büllicha Åklåtsch vonam Asterix-Baund, vo wås i de Grundidää doastöön woitat. Den erschtn Dämpfa håb i kriagt, wia des Stickl endlich fertig woa und i damit in de Klass kumma bin. Wäu es håt gråd amoi drei Seitn ghåbt; de woan zwoa mit da Schreibmaschin auf A4-Seitn futziklaa zaumgfitzlt, åba hoit nua drei Bladdln, de wås ma in häkstns zwanzg Minuten häddatn åwespüün kenna. De Kaumarådn haum de Augn vadraht und mit mir Tacheles gredt. Des Gaunze is daun in da Vasenkung vasumpat, und da

Professor woitat nimma am Nåchmittåg in da Schui bleibm (kä scho sei, dass ma eam sein woifadientn Schläf lautstoak vamasslt haum). Mir håt sas Herz zrissn, åba eigentlich woas a Maasl, dass aus dem Schmonzes ned no a vüü gräßas Schlamassl außegwåksn is.

Wia ma in'd Vierte vom Gymnasium kumma san, is auf amoi a gaunz a neiche Deitschlehrarin ätaunzt: gotichkeit a frischgfaungta Hås.

De Deitschlehrarin

Gråd erscht håts de Lehraumtsprüfung ååglegt gehåbt, und auf unsam Gymnasium håts augfaunga ojs Deitsch- und Mathematik-Lehrarin: Christine Hollmann håts ghaaßn. Und wia ma des vo de jungan Lehra erwoatn daddat, woa sie voi ängaschiert und motiviert. I glaub, mia woan ihr ållaerschte Klass, und glei am Aufaung is sie zaummantuscht mit: mir.

Eigentlich is des nia mei Oat gwesn, åba in de erschtn Wochn und Monat woar i in Deitsch ojwäu aufmuckat, goschat und gschnauft wia da Minista. Zuaghert håb i gårnix, de Lehrarin håt ma'n gwachstn Buggl åwarutschn kenna, meine Auntwurtn håt sa si aufzeichnan miassn, oda i håbs auf an Kaaszeddl gschmiert und den haum ihr meine Hawara daun firebråcht. Kā scho sei, dass i daumois glaubt håb, i kenntat de Blunzn wia da Keisa ins Sackl steckn, oda i woitat zumindascht *aamoi* in meina Schuizeit da Schoitl vom Dienst sei – ehrlich gsågt, i håb kan blåssn Schimma, wås fia'r an ädepschtn Påscha i daumois ghåbt håb.

Åba de Hollmann håt des suvarän duachgstaundn. Sie håt daun sogoa probiert, mir auf a *Sachliche* z kumma, håt ihrn Gräu vua mir vasteckt und sicha aa ihr Deschparatheit. Bei meine Stråfaufsetz håts imma no wås Guats gfundn, a Qualität, dabei håb i's mi'm Zöön vo de Werta ojwäu vaoascht.

Und daun håts wås dåå, wås meglichaweis Wochn z späd woa, åba am End do no rechtzeitig und vua oim des Anzige, wås ghoifm håt: Sie håt mei Mutta vuaglådn! Und i häddat mi vua nix mehr augschissn ojs vua ihr (wås de Lehrarin daumois no ned gwusst håt).

Den Tåg siech i no heit vua mir, wia mei Mutta zu ihr in'd Sprechstund kumma is. Mia haum de Hollmann in da letztn Stund ghåbt, und då håts uns am End aus da Gardarob außelåssn. Mei Mågn woa wia'r a Senkgruabm vuam Iwaschwappm, ojso håb i mein Canossagaung zu ihr gmåcht und sie gfrågt, wia mei Mutta dreigschaut häddat. Sie håt ma goa kaa Auntwurt gebm, ihr is aafåch de Låd åwagflogn (i glaub jå, sie häddat mi fåst åbusslt), und daun håts gruafn: »Heast, Klausi, endlich måchst dei Bappm auf und redst mit mir!«

Meine doikatn Spompanadln woan damit ååghagglt. Boid häddat i nimma sågn kenna, wiaso des ois so blunzndeppat augfånga håt. Åba wäu unsa Lehrarin in da Obastufn eher ojs hantig vaschrian woa, håb i lång glaubt, i häddats mit meine Bledheitn *vahunzt*. (Heit waaß i:

26

Sie håt si des Ãngaschmã und de Offmheit bewoahn kenna.)

Fia wås dazöö i des ållas? Wegn *deara* Lehra-rin håb i fümf Joahr läng an gscheidn Deitsch-untarricht ghåbt. Trotzdem woar i mit meine Gedaunkn oft Woikal jaukn, und wia'r i studiert håb, foima vüü Moment ei, in de wås i ma denkt håb: Oida, i hau mi å, des is do scho amoi in Deitsch vuakumma! Sie håt uns *Sprachgeschichte* bråcht und a bisl Mittlhochdeitsch, und in da Literatur håb i mi austobm diafm und Referats-theman außesuachn, de wås ma daugt haum.

Des woa de Deitschlehrarin, de wås mii undn Peter, mein Spezi, auf de Wettbewerbsserie *Junge Literatur aus Österreich* gstässn håt, de wås vom Bundesvalåg duachgfiat wurn is. Scho meglich, dass zerscht de Klass iwa de eigreichtn Oaweitn åstimman soin häddat (wäu mit a bisl an Maasl kunntat ma'r a Preisgööd fia'd Klass außehoin), åba fian Peter und mi woa des wia'r a gmaade Wiesn fia unsare eiganan Eisendungan.

Mia woan siebzehn Joahr oid, und bis zu dem Tåg hauma nia wås ändas ojs åådrahde und aufgmascherlte Seijäns-Fiktschn-Gschichtln und duachknåjde Anekdotn in unsare Aufgåbn und Schuloaweitn einegschwindlt. I kä nimma sågn, wia des genau ågrennt is, åba in meina Erinna-rung woa des da Moment – da Aufbruch zum

Jugend-Schreib-Wettbewerb, fia den uns de Deitschlehrarin an rodn Tewwich ausgrojd håt –, wo i ernsthåft und gwissamåßn reglmäßig zum literarisch Schreibm augfaunga håb. Kloa, dass i no vüü Ezzes braucht håb, wäu då is no a braada Weg vua mir glegn (wås i ma daumois sicha ned draama låssn häddat), und da Jugendpreis vau da Erschtn Östarreichischn Spår-Cassa fira Novöön, dens ma im Herbst nåch da Matura gebm haum – vua oim, wäu da Håns Weigel, der wås in da Schürii gsessn is, si dafia uandlich ins Zeig glegt håt –, der woa, waun i ma's guat maan, nua'r a winziga (gstoipata) Tåppsa in de Richtung vo ana Schriftstöllakarrjeer und in goa kana Weis a Murdstrumm Hupfa fia'd Menschheit – åba daumois håb i ma fräulich wås gaunz āndas eibüüt.

De Biachln (Zwaa)

Am Aufaung woitat i Doimetsch studiern. Des håb i boid gegns Iwasetzastudium tauscht, wia ma aufgaunga is, dass i's goa ned zaumbring, de Nåchrichtn ausm Radio nåchzplappan, wo'r i nedamoi a klaans Fitzerl tauscht håb – då warat i fias Simultandoimetschn jå unhamlich guat aufgstööt gwesn. Mei Talent is hoit ojwäu im Schriftlichn glegn. Mi'm zweitn Joahr aun da Uni håb i ma no Englisch und Romanistik aufglådn, åba auf de Aunglistik boid wieda pfiffm, Französisch zum erschtn Fåch gmåcht und ojs zweits de Germanistik dazuagnumma. De gaunze Kür håb i ma ådau, wäu's am Doimetschinstitut iwahaupt nix mit da Literatur am Huat haum. Durt iwatrågns Fåchtexte, aus da Wirtschåft, ausm Recht und aus da Technik, und daun vielleicht no wås Geisteswissnschåftliches, wo aa de Literaturwissnschåft dazuaghert. Åba ka Sau iwatrågt durt wås Literarisches.

Auf da Romanistik und da Germanistik håb i mi gaunz regulär mit da Literatur gspüüt. Mei Bibliothek is aufbliat – jetz håb i's mit französische Biachln gossn –, außerdem (gwissamåßn nebmbei) håb i aun de eiganan Gschichtln und Buach-Idään barawat.

Wia si de existenzialistischn Autorn in Hintagrund vatschüsst haum, håb i da Schui vom *Nuuvoo Romā* küssdiehand gsågt, und vua oim de Biacha vom Aläu Robbe-Grillet samma eigfoan. Den Andree Gide håb i entdeckt, bsunders da erschte Roman *Palüüd* håt ma gfoin, de Professorn vau da Romanistik haum ma de Tågebiacha ātrågn, und de Oitasnovöön *Theesee* woar a glitzanda Juwel. De Prosa vau da Nathalie Sarraute is ma dafia wia'r a Gåjnbitta aufstessn; i håb no Joahr braucht, bis i draufkumma bin, dass dera ihr Språch a kunstvoi gschliffana Diamant is, der ma unhamlich vüü Freid måchn kā.

De Nauman san so zoireich, dass i ma's goa ned merk. Åba i glaub, dass ma de französische Literatur fia mei Schreibm den kloastn Stempe aufedruckt håt.

Iwa mei zweite Språch is a Tierl zua italienischn Literatur aufgsprunga. Tschäsare Pavese und de språchlich unpåckboa vazwicktn Romane vom Kaalo Emilio Gadda. Zua meine Favoriten gherat åba da Italo Calvino: A Vurlesung auf da Romanistik håt mi mi'm Pfrrnak auf des großoatige Buach (wo ålle Gschichtln imma nua aufaunga dan) *Sä una notte d'inwerno un wiadschatore* gstässn, åba gaunz bsundas de wissnschåftlich-åådrahdn Schüdarungan vo seine *Kosmikomikä*, de nimm i no heit gern in meine Pråtzn.

30

Da Varein

Unsan Literaturvarein haums ohne mei Zuaduan eigricht, åba da Peter håt dafia gsurgt, dass i aa glei a Leiberl ghåbt håb. Mia woan a varruckte Bartii vo Hoibstoake, de wås ned nua söba wås gschriebm haum, sundan de Textln aa no vaöffentlichn woatatn. Fia des hauma im Varein a Literaturzeitschrift außegebm, de TEXTE (jå, ållas groß druckt): Des woan Bladdln, de ma auf da Schreibmaschin åwetippslt haum, und a poa Textbaustana; des hauma auf a Vualåg bickt, a poa Moi kopiert und zaummangheft. Kloa, dass des ållas a Haundoaweit woa. Genauso mit da Haund hauma aa de poa Biachln zaumgwerklt, de wås ma daun söba valegt haum.

Heit kennt i dafia in da'r a Ead vasinkn, so schaumat i mi: Språchlich woa des ållas båchn, äghiaslt und inhoitlich zum Åpeckn. Wäu ma vo ålle Druckwerk Pflichtexemplare aun de Nazionalbibliothek haum liefan miassn, kemma, so laads ma duat, den gfäudn Dreck heit nimma untan Tewwich schiabm.

De Kurzgschichtn und Gstanzln (de nedamoi mehr ånsåtzweis irgndwås mit dem z duan haum, wås i heit schreib), des woa des Aane – åba i håb daumois aa no Romane gschriebm und

31

Theatastickln. Ois zaum woan des vier Romane, de wås i ågschlossn håb. Es is zwoar a Maasl, dass nix mehr davo heit an Luftschnåppa måcht, åba es håt ma zaagt, wås des haaßt, wauma alaanich so an Wööza vafåsst. Mit dem Gfrett håb i ma söba den Beweis gliefat, dass i des *aa kā* (nua de Dramen woan a anzigs Drama und hauma zaagt, dass i's *ned kā*).

De Såchn, wås mia vom Varein gschriebm haum, woan volle Wäsch āngaschiert. (Ojsdaun, des häddat in Sartre gfoin.) Mia haum gengan Krieag gwettat, de Gleichberechtigung fia ålle Schicksn valaungt, mia san gegn rohe Gwoit und fian Umwöödschutz eitretn (der wås daumois grean nua hinta seine Uawaschln woa). Irgndwia hauma uns eibüüt, mir kenntatn de Wööd mit unsare Hirnschwuchtln aus de Āngln hebm, und san dabei zwischn Eifoit und Iwaheblichkeit gschwumma. ... Nau jå, womeglich häddat sogoa wås draus wern kenna.

Am End håb i an neichn Roman augfaungan. Bis 1987, wäu in dem Joahr haum daun ålle meine Vuahåbm, meine Pläne und Draam a gsunde Bauchblätschn hiiglegt, zwegn wås i mi in an sauban Stüüstaund wiedagfundn håb.

32

Da Stüüstaund

1987 håt ållas am Kopf gstööt. Da Åbschluss vo
da Studierarei woa in Sicht, und i håb mit meina
Håckn fia Iwasetzungsbüros augfaungan (ko-
mischaweis fåst nia in meine Språchn Franzö-
sisch und Italienisch, sundan i håb mehr mit
Portugiesisch und Englisch z duan ghåbt). Da
Literaturverein håt si längsaum ins Nirwana
vatschüsst, und de Kaumarådn san beruflich in
lauta ändare Richtungan losmaschiert. Mein
erschtn Kompjuta håb i ma kauft (an PC mit
8088a Prozessor und ana 20 MB [!] Plåttn, vo
dera i daumois original glaubt håb, sie warat vüü
z vüü aufblåsn), wäu i gnissn håb, dass ma ohne
ana Textvaoaweitung aa kane Iwasetzungan ned
professionell äbiatn kä. Da brutalste *Dscheensch*
woa åba, wia mei erschta Gschråpp auf'd Wööd
kumma is.

Auf amoi håb i a gaunze Mischpoch duach-
fiadan miassn; åba wäu ma kloa woa, dass mei
Marie, de wås i mi'm Schreibm einahmat, ned-
amoi s Wåssa fia'r a Wochn zoin daddat, håb i
wås ändas gsuacht. Fian Data Becker håb i a
Biachl iwa den Textvamånscha gschriebm, den
wås i imma bessa kennt håb, und daun håb i de
Waachwoa in am Schulungszenta untarricht. Åba

am meistn woa de Roin ojs Våda neich und am Aufaung ziemlich bräslat, und gegn de Waund gfoan is daun: de Literatur.

Des Schreibm woa ååghagglt. Håb i gmaant. Ojwäu kamat des Wurterl *dawäu* auf, åba des håb i zaumgfoit und in Mistkiewe draufgstööt. Nåch 1987 haum kane Textln mehr des Liacht vo dera Wööd erblickt. Håb i aa gmaant. Wäu waun i zruckschau, daun füüt si des ändas ã. Kloa, Dazölungan håts kane mehr gebm, aa kane Kurzgschichtn und scho goa kan Roman. Unsa Literaturvarein håts Bankl grissn, und de poa Leit, de wås i kennt håb, haum si varrennt. Wås åba bliebm is und was i nia gaunz ausdämpfm kenna håb, des woa so a glosendes Gfüü, dass i jå eigentlich a Schriftstölla warat.

No wås håts gebm, wås ma erscht heit wia'r a Ersåtzhaundlung vuakamat: I håb EDEVAU-Biachln und Fåchartikl fia Ei-Ti-Zeidungan vafåsst, in Österreich, Deitschlaund und – auf Englisch – in *sä Ju-Keej*. Biacha fias Textvamånschn, Taböönschuastan und Zeidung-Zaumpaunschn (wås DETEPE ghaaßn håt). ... Des ållas håt doch nix mi'm Schreibm z duan, gotichkeit: mi'm literarischn Schreibm. Oda? Ojso, in de fümf Joahr håb i fränk nix Literarisches gmåcht, und des håt ma weh dãã. De Såchtextln san danebm mitgrennt, und fia mii håt des goa nix mit da Literatur z duan ghåbt. Erscht vüü speeda is ma's Lamperl aufgaunga, dass des aa meine schriftstöllarischn Fertigkeitn zuagspitzt håt. (Waunst an Auftråg kriagst, dassd a umfaungreiche Büro-Swiit vuastööst, und dafia håst exakt fuffzehn Zäun in ana schmoin Zeidungsspoitn, daun tscheckst gaunz automatisch und ruckizucki, wiasd de Språch eisetzn muasst und wiasd as nia wieda eireißn låsst, dass de Werta mit dir Ringlgspüü foahn.)

A poa Moi håb i ausprobiert, wiada'r a Gschichtl z schreibm, und i håb sogoa de Idää ghåbt, dass i ma wås Gaudigs iwan Kompjuta zaumreim und an Ei-Ti-Fåchvalåg gabat. Nix is draus wurn, und des Bladdl is genauso laa bliebm wia mei Blutza. Gråd a poa Tågebuachnotizn auf Zeddln håb i ma aufghobm, de wås i speeda daun zaumandää håb.

Mei Bua woa fümfe; des woa anno 1992. Da Berlina Mauafoi håt scho läng s Liacht ausgmåcht, und mei Lebmsuntahoit woa des Untarrichtn vo da Sofftwea. Bis in'd Nåcht håb i aun dem Tåg malocht, woascheinlich wäul i an neichn Kurs aufzogn håb. A wengerl vua da Geistastund håb i den PC ådraht und bin ins Båd gånga. Gfüüt håb i mi, ojs warat i ädiewet (dabei håb i goa nix gschickat): Mir is vuakumma, irgndwås Leichts påckat mi. Då woa des

35

Gfüü vom Fliagn und vo da Luft, de wås si zwischn meine Wirschtlfinga duachzwiefet. Nåchn Zehndputzn springt ma auf amoi de Pumpm ã, wia'r i mi in'd Hapfm leg. Und daun håb i's vua mir gsegn: den Hupfa, des Auffefoan in Himme, den Eifflturm unta mir, i füü de Sunn auf da Waungan, und a Liftal ziagt iwa meine Kläwen und duach de Finga.

Aufdraat, åba ohne an Grawäu (damit de Famülie ned aufwåcht) bin i aufghupft und håb im Wohnzimma wia da Nurmi a gaunzes Bladdl voikritzlt. Zruck in da Hapfm woa'r i daun no stundnlãng wåch. Glei in da Frua håb i beim Kompjuta quasi mei Zööt aufgschlågn und de poa Seitn vo da Kurzgschicht ohne an Duachschnaufa åwetippslt. Wia des System nåchher *kräschn* gaunga is (und naa, zua dem Zeitpunkt håb i no kaa Datnsicharung gmåcht ghåbt), håb i glaubt, i kriag an Herzkaschpal, und i håb ållas vau vuan aufaunga miassn.

I woa wurlat wia no nia in meim Lebn; und a so håb i de Kurzgschicht *Höhenflug* ausm Bodn gstaumpft, und i hauma söba des Vasprechn gebm, dass i nia wieda vom Schreibm låssn wea.

De Biachln (Drei)

Und no amoi de Biachln. Vo Joahr zua Joahr sans bei mir, vo Joahrzehnt zua Joahrzehnt. Åba *wås* i les, des wechslt de Gsichtsfoab wia'r a Chamäleon. Då is ned nua des Oita schuid, des kaa Minutn steh bleibt, sundan aa de Såchn, de wås ma gråd in da Birn umanaundadaunzn (wås beruflich oda aa privat sei kã). Am Aufaung vau de 2000a Joahr, des haaßt: anno 2001 und 2002, bin i fia de Firma, fia de wås i jedn Tåg robotn dua, bei de technischn Ei-Ti-Konfarenzn vau Meikrosoft gwesn. Und de haum si ålle då unt in Batzelona ågspüüt.

Zum erschtn Moi håt si mei Weg mit Katalanisch kreizt, wia'r i siebzehne woa. Im Romanistikstudium håt ma de katalanische Kultur ojwäu gfoin, de wås daumois im bestn Foi unta *ferner liefen* grennt is. Zua Diplomoaweit håb i ma a Thema außegsuacht, wås mit Katalonien z duan ghåbt håt, åba vafåssn håb i's miassn auf Französisch.

Bei de Konfarenzn bin i ojwäu, waun i gråd frei woa, duach de katalanische Hauptstådt püügat und in ålle Buachhaundlungan einegfoin, de wås vüü länga offn ghåbt haum ojs dahaam (bis neine oda zehne), und då bin i aufgaunga

37

wia'r a Pfingstrosn. Meine Språchkenntnisse woan daumois no a wengl suboptimal, aa waun mei ötara Hawara, da Schuan, a Schuiprofessor, mi vom *Prinsipatt* aus ojwäu mit Infobladdln und Såchn zum Lernan eideckt håt. Wia'r i daun aus Batzelona haamkoffat bin, håb i mi mit an fettn Binkerl vo katalanischa Literatur åzaat, sogoa Såchbiachln zua Politik, Kultur oda zum Recht håb i eigsacklt ghåbt; ois zaum sicha fuffzig Biacha, hawedere.

Des alaa sågt åba no goa nix; häkstns, dass si da Stehplåtz auf meim Buachregal auf amoi auf Nimmawiedasegn vatschüsst håt.

Åba innahoib vo zwaa Joahr håb i ma de gaunzn Biachln einezogn, des waratn mehr ojs siebmdausend Seitn gwesn. Des håt ma daun ned nua mei Fremdspråch aufpoliert, naa, i håb nua a klaans bisl speeda augfaungt, so wås wia katalanische Gstanzln auszspuckn.

Mei Biachafundus håt si gmausat. In aan vo meine Romane låss i den Protagonistn vo seina erschtn, da zweitn und da drittn Bibliothek redn, wauna sein Biachaschåtz maant. Sowås is ma in *meim* Lebm zwoa no nia eigschossn, åba so danebm warat des goa ned.

De Katalanischn

Gschegn is in da Nåcht. (Kloa woas finsta wia'r in Teife sei Oaschloch – wäu jede Nåcht is a so!) I håb mi gråd in'd Hapfn ghaut, büsln kenna håb i no ned, und in meim Blutza san lauta Werta und Såtzfutzln umadumpfiffm – und de woan ålle: katalanisch!

Håb i hoit de Laumpm wieda aufdraht, an Zedl vom Schreibtisch åwagfaungt und mit an Beistift a Futzl hiidåã, wås gråd in meim Schädl mit am Båtzn Bahöö umad Kurvn gschewwat is. Und daun no ans. Und no ans.

Wås sollat i sågn: I luagat ma de Zäun auf meim Blattl ã, und de Zäun luagat mi aa ã. Und wia ma si då a Zeidl ãgstiert haum, håb i ma auf amoi denkt: »Heast Oida, i wea narrisch, des is jå a Gstanzl!«

Am näkstn Tåg is no a bisl wås zaumkumma. Kloa håb i gnissn, dass de katalanische Lektüre vo de vagaunanan Monat in meim Hirn flügge wurn is. Anzlne Werta und Frasn, irgndwo aufgschnåppt, häddatn si neich paarlt und irgndwås ins Nest gackt, wås i no ned siechat. I håb amoi beschlossn, dass i ållas zaumrinna låss. A poa Wochn speeda is a Textdatei paletti dågstaundn, de wås gfüüt hundat Seitn ghåbt håt. Untatäut in drei Hieb san vaschiedane Oatn vo Gstanzln dringstaundn. De aan woan kurz, wia de japanischn Heikku, de ändan haum kurze, urige Gschichtln dazööt, und in da drittn Åbtäulung håb i iwa de drei Städte filosofiert, de in ana gwissen Oat mei Lebm foabig äämojn duan: Wean, Bariis und Batzelona.

No imma im Wiglwågl, wås des a soi, håb i ma denkt, jetz frågat i wem. I håb mein katalanischn Gschamstara, den Schusepp aughaut, der wås a arrivierta Schriftstölla is, und håb gmaant, er soi si des auschaun und ma sein Senf dazuagebm. Daun håb i no gsågt, wauna glaubt, de Textln waratn nua'r a Schaas mi'm Luftmascherl vo da Oaschkapöön, daun solla ma des aa duftfrisch ummereibm.

Åba des håt a *ned* gsågt. Im Gegntäu. Mir is ållas åwegfoin, wia ma kloa wurn is, dass a mit meine Gstanzln original wås aufaunga kunntat, vua oim de kurzn haums eam ädää, de ålle ka Titulatur gfiert haum. Wås a ma daun in meina Datei ausbessat håt, des håt mi glei a zweits Moi vom Stockerl ghaut, wäu des woa gråd amoi a ätrickata Fliagnschaas. Häkstns in am Vierterl vo de Gstanzln håt a an Fööla gfundn – wås foisch Gschriebanes, a meschugganes Wurt oda'r a vaquarglte Formulierung –, åba ållas ändare håt a picobello steh låssn.

Eh kloa, dass vo de ållaerschtn Gstanzln nix iwabliebm is. Des ane oda åndare håb i a bisl vawuaschtlt ins erschte Lyrik-Biachl einedruckt, åba ållas åndare: tschüss mit ü. Zua dem Butzi mit katalanische Gstanzln, *Värmeljs*, håt ma da Schusepp (in de Katalanischn Lända kennans eam ojs J.N. Santaeulàlia) a Vuawurt vafåsst. Mit a bisl an Maasl håb i des Buach in an katalanischn Autornvalåg außebringa kennan, und zwoa glei in zwaa Språchn, wäul i a deitsche Iwatrågung (*Rötn*) dazuagschuastat håb. (I hauma jå denkt bei dera Iwatrågung, dass i's daun aa *in heimischen Gefilden* vascherbln kenntat. Åba bist du deppat, woa des a Gstöö, wia'r i ma de söba zaumgfitzltn Gstanzln daun in mei eigane Muttaspråch ummehoin miassn håb!)

Waun de Katalanischn ned dermåßn drauf augsprunga waratn, wia's haum, daun warat des ållas sicha nua ojs hoppadatschata Rüüpsa im Woid vahallt. Åba mei Biachl håt eigschlågn wia'r a Granådn. De Zeidung AVUI håb i söba aubaggert, und da Schäffe vom Dienst håt des in sein Schmieranski-Tiim vatäut; a Dame håt si daun gmööt bei mir, wäu's an Artikl iwa mi schreibat. Nåch an kurzn Meejl-Kontakt, wo i vasuacht håb, ihre Frågn meglichst präzise zua beauntwurtn (und eh kloa, dass mi ausfratschlt, »*fia wås* i katalanisch dichtn dua«), haums ihrn

Beiträg im Kulturtäu åådruckt, und daun is ma aafåch nua de Bappm offm bliebm: A gaunze Seitn im Großformat, mit an Riesnfoto vau mir (wo i ma denkt håb, *so* vüü woitat de Tante goa ned schreibm). Aan Tåg speeda klopft auf amoi de Redaktion vom katalanischn Radio bei mir ã, *Kätälunja Radiu*. Feanmündlich. Sie häddatn scho auf vaschiedane Oatn probiert, zua mir duach- zkumma (wås mei Valeega speeda bestätigt håt), und sie woatatn a Intawjuu mit mir schoitn, in ana Dååk-Sendung, auf wås de Katalanan åfliagn. *Leif* und am söbn Tåg. Mir is de Pippm gaunga, i kaun da's ned sogn. Åba da Moderator håt mi suvarän duachgschobm, er håt so (ojso vüü längsauma und deitlicha) gredt, dass i jeds Wurt gnissn håb und auf jede vau seine Frågn wås vamööt håb. (Nåchhea håb i dena in da Redak- tion griebm, wia'r i ziddat håb und dass i jetza mei waschlnåsses Spoatleiberl in'd Maschin hau.) A Onlein-Zeidung håt kurz drauf a Re- zension vo meim Biachl aufglegt, vafåsst vo ana Lyrikarin, da Maata Pérez i Sierra, de wås i guat kenn, und a poa Monat speeda håb i zuföllich mitkriagt, dass in da *Ensiklopädia Katalana*, de durt an guadn Ruaf håt, a Eiträg iwa mi steht.

So mechat i sågn, dass auf jedn Foi *a* wichti- ga Grund zum Schreibm da Mulatschak vo de Katalanischn fia mei katalanisches Biachl is.

Warumperl denn häddat i ojso aufhean soin? Ojsdaun håb i weidagschriebm. Fräulich woa'r i no imma wåglat wegn da språchlichn und literarischn Qualität vo meine Gstanzln. Wiaso? Des is jå aafåch: Mir woa kloa, dass si vüü vo de Katalanischn gschmojzlt füün, wäu i, ojs a Tschuusch und a Nedamoi-Zuagraster, der wås kane familiären Bindungan zum Laund ned håt, meine Gstanzln auf Katalanisch fööba, in ana Språch, de wås politisch ojwäu gschnittn wiad und vau dera vüü Leit iwahaupt no nix ghert haum. I hauma denkt, de måchn meim Biachl vielleicht nua deshoib a Aufwoatung. Åba a poa Joahr speeda, des woa 2014, håb i mit an ändan Manuskript an katalanischen Lyrikpreis (*Premi de Poesia Parc Taulí*) gwunna, und ålle Täunehma, de wås de Språch original redn, haum duach de Finga gschaut. Ojsdaun bin i ma nimma auskumma und hauma zuagstaundn: Waun meine Gstanzln nix ändas ojs a stingata Topfm waratn, daun däddns dafia dodsicha kan Literaturpreis außeruckn.

De Fråg, *fia wås* i katalanische Lyrik schreib, kummt ma wia'r a ådudlte Ööfafråg vua. Wås mehr oda weniga zuaföllich und wäul i aafåch a Biachawuam bin auf'd Wööd kumma is, håt si, wäu de Katalanischn dermåßn ausm Heisl woarn, aufpluastat wia'r a winniches Dauberl. Fia mi

san de katalanischn Gstanzln a festa Bestaund-
täu vau meina Literatur wurn, wås fiar an Östar-
reicha, und des kaunst laut sågn, a ådrahte Såch
is. In da Zwischnzeit is' sogoa so, dass i de
gaunzn katalanischn Gstanzln vüü aafåcha und
gschwinda zaumschuasta und aufs Bladdl fööba
ojs de deitschn. Des klingt wia'ra Larifari, is åba
kana; es is nua'r a wengl ausgrissn. Kā scho sei,
dass des wia beim Semmi Beckett is, wia er des
in seina guat vagleichboan Situation mit zwaa
vaschiedane Språchn gmaant håt, dass aa i in
meina Fremdspråch um'd Heisa ausglåssana
spintisierat und auf a gwisse Oat kuraschierta
umanaundastrawanzat.

Des Fia-wås

De oide Fråg nåch dem Fia-wås. Geht des a so iwahaupt eine? I maan, aafåch z sågn, wäu i muass, klingt nåch ana Banalität. Und genau wegn dem haums auf mi hiibäckt, wia'r i des amoi vua de Leit so vamööt håb. Kã scho sei, dass des unhamlich oitbåchn is, des Schreibm-Miassn. Åba haaßt des ned aa, dass vüü vau de gaunzn Schriftstölla des fränk so segnatn?

Des Schreibm-Miassn, des Ned-auslåssn-Kenna und des Goa-ned-Auskumma, des is wia'r a roda Fådn, der si duach de gaunze Literaturgschicht wuzlt. Da Fraunz Kafka håt des amoi mit ana unhäuboan Kraunkheit vaglichn.

Ålle, de wås schreibm, tredn maunchmoi am Fleck (aa des is lautmaarig in da Literaturwööd), åba kaam daddat eifoin, dass a mi'm Schreibn aufherat. Und waun des trotzdem ana wüü und daun aufaungt, des aa z duan, daun hauts eam (so wia mi) boid auf'd Bappm. Waun ana schreibt, daun kauna ned aufhean. A Dintnbrunza kaun vüü, åba ans kauna ned: aafåch aufhean. (Und wauns ma zuatrågn, dass echt ana des Schreibm aufn Någl ghängt håt, daun fråg i mi, ob des fia eam ned imma nua'r a Kaschpaltheata woa.)

Wia'st a Schriftstölla wiast, is ned fix eitäut. Jeda gangat des āndas ā, jedm fållat woāndas wås ei und er suachat si āndare Flockn. Waunst dem Auntrieb vau de Autorinnan und Autorn nåchwassast, daun stoipast jeds Moi iwa wås Neichs oda du stehst voi im Woid, wäu's z wenig zum Außazuzln gabat.

Dass i a Heftl (oda an Notizblock) und an Stift mitnamat, des woa nia sowås wia a Regl fia mi. Genauso hoid i's fia voi augrennt, dass *nua* da Stift oda des Heftl an Schreibprozess ausläsn soitat. Bei mir is des a so, dass ma imma daun wås eifoit, waun i eh nix aufschreibm kunntat: pudlnåckat und gaunz pritschlnåss in da Dusch, irgndwo aufm Weg nåch Trippsdrüü oda in am gaunz wichtign Plauscherl in da Firma. Oft is' aa so, dass meine Idään glei wieda ååzischn, wås mi åwedruckt (und oag fuxt), und nua maunches Moi kummans zruck. Kā scho sei, dass mei Gedächtnis drau schuid is, auf des i mi *ned ojwäu* valåssn kā; oda es is scho guat so, wias is, wäu des, wås nimma zruckkummt, sowieso, waumas gscheida åklopft, a voi lāngwäuliga Rohrkrepiera bliebm warat und tschinquä mit Nudln is.

Eigentlich wåkst ma des Fia-wås beim Gnack auße. Des is zaach, bickat und grauslich. Fia wås des imma ojs a Fråg aufn Tisch kummat, waaß i ned, und woascheinlich schnåj i's aa ned. Åba es

is aa kloa, dass ma de Fråg *näwa-äwa* ka Ruah
gebm wiad, de wiad mi iwaroi aufbladdln, gaunz
wuascht, wo i einekräu und in Blutza in'd Erd
steckat. Des *Fia-wås* is wia'r a Gspaun, den i ma
ned ausgsuacht håb, åba der wås mi ojwäu stöön
daddat, und daun muass i eam schmähohne ins
Gfries gluan. Des gaunze Lebm lāng.

Nau, und jetz?

Ojsdaun: I schreib, wäu des a Ausdruck mei-
na söbst is. I schreib, wäu des mei Söbstva-
ständnis ojs a Mensch und ojs a Täu vau dera
Gsööschåft is. I schreib, wäu des so sei muass. I
schreib, wäu si de Erd um de Sunn draht, de
Planetn des söbe duan, unsa Liesl uman Kraas-
vakehr vau da Müüchstråßn breddlt, wäu de
Aunzoi und de Dimensionan vau de gaunzn
Himmeskerpa nedamoi daun in unsa Hirnkastl
einepassatn, waunst in gaunzn Tåg drin zaum-
kehratast, und wäu mia Oamutschkerln, wauma
uns ehrlich san, an feichtn Schaas iwa des ois
wissn.

I schreib, wäu i bin.

Glossar

åådraht: verrückt
ägasn: Druck machen
Äuzerl: ein wenig
åwerassln: aufsagen
Bappm: Mund
barawan: arbeiten
Baumpaledsch: kleines Kind
bickn: kleben
Blunzn: Frau (abfällig)
Blutza: Kopf
bräslat: schwierig (=bröselig)
Dillo: Dummkopf
Dinterl: Tintenkleckser
draamhappat: verträumt
eineziagn: studieren
Ezzes: Unterstützung, Tipps
Fetzn: negative Note
Fledawisch: (quirliges) Kind
fööban: schreiben, hinschreiben
Fopatscherl: Fauxpas, Fehler
fränk: wirklich, sicher, klar
fuxn: ärgern
Gerschtl: Geld
Gfries: Gesicht, Antlitz
Gimpfte aufg.: in Rage komm.
gnissn: verstanden (Partizip)
Goo: Mund
gotichkeit: das heißt
Gräu: Zorn, Wut
gschickat: getrunken
gschmojzlt: geschmeichelt
Gschråpp: Kind
Gstanzl: Gedicht
Gstudierda: Akademiker
Gsturi: Arbeit, Aufwand
Guckascheckn: Augen
Hapfm: Bett
Hawara: Freund
Haxn: Fuß, Bein
hiibäckn: herumhacken
iwanåsan: verstehen

Kläwen: Hände
Koarl: immenser Spaß; Karl
lawradutti: perfekt, gut, günstig
Låd: Unterkiefer
Larifari: unwahres Gerede
lautmaarig: bekannt
Liesl/Lieserl: Sonne
Loschn: Sprache
Maasl: Glück
Mischpoch: Familie, Verwandte
Muadsgaude: großer Spaß
nåsan: schauen, gucken
Nünzerl: ein wenig (=Nuance)
Oamutschkerl: armer Tropf
Oaschkoatn: schlechtes Los
Oidn: Eltern (=die Alten)
Ööfafråg: schwierige Frage
Påscha: geistige Störung
Pfrrnak: Nase
Piefkinäsa: die Deutschen
pomali: langsam, allmählich
Pråtzn: (große) Hände
Rotzpippm: freches Kind
Schaas: Furz, Darmwind
schiach: hässlich
Schlamassl: Unglück, Elend
schmähstad: stumm, wortlos
Schmieranski: Journalist
Schmonzes: Mist, Unsinn, Tand
Spompanadln: Dummheiten
Topfm: Mist, Unsinn, Unwertes
tschinquä: wertlos (=cinque)
Tschuusch: Ausländer, Migrant
vamassln: verderben, vertun
vamööt: gesagt (=vermeldet)
Widln: Haare, Haupthaar
Wiglwågl: Unentschlossenheit
winnich: erregt, geil, läufig
wöötisch: toll, großartig
Wusl: (kleines) Kind
zawuzln: ausgelassen lachen
Zeidungschapsl: Journalist

Epilog: Mei Weanarisch

Was ist eigentlich das *Weanarische*? Eine Unzahl von Büchern versucht diese Frage zu beantworten, und rasch fällt auf, dass sie in vielen Fällen einander widersprechen. An der Germanistik lernte ich einst, dass die Wiener Dialekte, die es im 19. Jahrhundert noch pro Bezirk gab, rund um den Ersten Weltkrieg ausgestorben wären, dass sich die tschechische Intonation darübergelegt hätte (weil um 1900 die Hälfte der Wiener Bevölkerung tschechisch sprach) und das Heutige, das von vielen, insbesondere Außenstehenden, als *proletenhaft* und vulgär empfunden wird, in der Sprachwissenschaft als ein *Jargon* bezeichnet würde. Ich kenne hingegen auch Bücher, die nur von einem minimalen Impakt des Tschechischen sprechen und unseren Jargon als einen sehr lebendigen Dialekt bezeichnen, der heutzutage bereits Einflüsse der österreichisch-deutschen Umgangssprache der serbischen und türkischen Migranten in unserem Land verrät.

Klar ist lediglich, dass umgangssprachlich das, was in Wien von vielen gesprochen wird, als *Dialekt* oder auch *Slang* betitelt wird, obwohl dies nach strengen linguistischen Definitionen nicht haltbar ist. Klar ist ebenso, dass viele Menschen dieses Idiom als minderwertig und als ein Merkmal niedriger Bevölkerungsschichten und mangelnder Bildung sehen; daran sind nicht zuletzt die österreichischen Regierungen schuld, die nach dem Zweiten Weltkrieg alles Dialektale und Mundartliche verteufelten und das für unser Land eher fremde deutschländische Deutsch zur Leitschnur erhoben.

Eine gewisse Renaissance des Dialekts in den 1970er Jahren, getragen von der Musik der Liedermacher und einem Teil der Literatur, schuf zwar ein gewisses Gegengewicht, doch trat diese Sprachform des Wienerischen meines Erachtens bald in den Hintergrund, weil sie in vielen Bereichen der Übermacht einerseits des Medien-Deutschländischen sowie andererseits der mitformenden Einflüsse der zahlreichen Migrantenkinder in Wien wich.

Dass aber dieser Jargon – oder wie immer man unser Idiom bezeichnen möchte – von einem Großteil der Wiener Bevölkerung tagtäglich völlig natürlich und in verschiedensten Varianten gesprochen wird, ist ein Faktum.

In meinem autobiografischen Essay erkläre ich ja, dass Dialekt und Jargon in meiner Kindheit gar keine und in meiner Jugend bloß eine untergeordnete Rolle gespielt haben. Warum dann also diese Übertragung ins Wienerische? Nun, ich denke, *gerade deswegen* und weil ich mich dieser Sprachform, die inzwischen sehr wohl auch ein Teil meiner selbst ist, einmal bewusst stellen möchte. Ob *mein* Wienerisch indes eine Art *Urwienerisch* sei, möchte ich nicht nur dahingestellt lassen, sondern auch anzweifeln.

Allerdings: Was ist schon ein Urwienerisch in Zeiten, in denen die zahlreichen Migrationen und Fremdeinflüsse alles überlagern, was vor vielen Jahrzehnten vielleicht einmal *original* gewesen sein könnte?

Mein Wienerisch findet gewiss viele (und zwar unterschiedliche) Übereinstimmungen bei anderen Wienern, aber auch Abweichungen – die Sprache dieses Buches ist daher mein ganz persönliches Wienerisch, geprägt von einer Vorliebe für bestimmte Formulierungen und sogar die Verwendung einzelner Dialektausdrücke, die, wie mir durchaus bewusst ist, überhaupt nicht aus Wien stammen, sondern die ich, aufgrund meiner freundschaftlichen Beziehungen, zum Beispiel aus Vorarlberg oder Kärnten übernommen und meinem persönlichen Idiom hinzugefügt habe.

All dieses Persönliche bringt uns zur Rechtschreibung, oder besser: zur Problematik der Schreibung des Wienerischen. Denn eines gleich vorweg: Es gibt keine orthografische Norm für den wienerischen Jargon. Die verfügbaren Wörterbücher und Glossare verwenden gewissermaßen individuelle Schreibungen, die sich mal stärker am Schriftdeutschen orientieren und mal eher an der Phonetik. Vorbilder wie H.C. Artmann, Wolfgang Teuschl, Peter Wehle und Robert Sedlaczek zeigen Möglichkeiten auf und geben reiche Anregungen, doch sogar die Arbeiten dieser Autoren lassen kaum auf allgemein gültige Regeln schließen.

Dass die Aussprache des Wienerischen nicht bei allen Personen und in jeder Situation gleich klingt, macht die Sache nicht gerade einfacher. Im Wienerischen ist sogar eine Tendenz zu beobachten, manche Konsonanten abhängig von der Konstellation der Laute und des Satzbaus auszusprechen oder wegzulassen, zu erweichen oder zu verhärten, oder plötzlich zugunsten des Sprechflusses einen zusätzlichen Konsonanten einzufügen, der aus grammatischer Sicht dort gar nicht stehen dürfte.

Auch Vokale können sich aufgrund ihrer Stellung im Wort oder im Satz verändern; eine Eigenschaft, die es etwa auch im Ungarischen gibt – und es liegt auf der Hand, dass es zwischen dem Ungarischen und dem Deutsch der Monarchie Wechselwirkungen gab.

Jede wienerische Orthografie, ganz gleich, woran sie sich zu orientieren sucht, steht im Spannungsfeld zwischen einer der Schriftsprache recht nahen Schreibung, die von der realen Aussprache mitunter deutlich abweicht, und einer möglichst originalgetreuen phonetischen Sprechwiedergabe, die dann indes *nicht-heimischen* Leserinnen und Lesern leider nahezu unverständlich bleiben muss, weil sie sich einem ohne gediegenes Vorwissen wohl nicht erschließt.

Es ging mir darum, den geschriebenen Text einigermaßen leserlich zu halten, und deshalb habe ich versucht, eine Art Mittelweg zu beschreiten: Wo es mir nicht notwendig schien, eine phonetische Schreibung zu bemühen, weil die standarddeutsche Aussprache ohnehin fast dem Wienerischen entspricht, beließ ich es bei der gewohnten Orthografie, und in jenen Fällen, in denen die Hochsprache wegen ihrer divergierenden Aussprache völlig unpassend oder sogar irreführend wirkt, näherte ich mich phonetisch so gut es ging an. Annäherung, stellungsbezogene Variationen und Anlehnungen führten dazu, dass ich gewisse Laute nicht immer gleich schreibe. So schreibe ich etwa für »also« stets »ojso«, aber aus »falsch« wird »foisch«, obwohl dieser Vokal gleich klingt. Für mein Empfinden ist es so *leichter* erfassbar.

Die harten Konsonanten werden im Wiene-rischen sehr weich ausgesprochen, aber nicht genauso wie weiche Konsonanten in der Hoch-sprache. Ich vergleiche diese Aussprache gerne mit den harten Konsonanten im Französischen, die ohne Behauchung gesprochen werden. Ge-nauso ist es auch im Wienerischen: Die Behau-chung der harten Konsonanten fehlt.

Schwierig ist die Wiedergabe der wieneri-schen Vokale: Was im Standarddeutschen ein Diphthong ist (ei, eu/äu, au), wird im Wieneri-schen als Monophthong gesprochen, den es in dieser Form wohl nur hier gibt. Die Schreibung des »ei« habe ich gelassen, allerdings muss man wissen, dass hier auf keinen Fall ein Zwielaut gesprochen werden darf. Analog dazu das »au«. Für die Wiedergabe eines standardsprachlichen »eu/äu« verwende ich durchgehend die Schrei-bung »äu«, was ebenfalls nie diphthongiert wer-den darf. Quasi als Ausgleich haben sich für das lange »ie« und »uh« die mittelhochdeutschen Zwielaute »ia« und »ua« erhalten. Die Literatur kennt homophon »å« und »o«; ich verwende zumeist Ångström-å, um das offene o zu kenn-zeichnen. Doppelte Vokale in meiner Schrei-bung werden stets lang gesprochen, wobei ich das lange »ie« und das stumme »h« der Hoch-sprache in vielen Fällen belassen habe.

Wer das Wienerische kennt, weiß, dass hier manchmal eine Nasalierung des »au« auftritt (wie die französische Endung »-an«). Ich sage *manchmal*, weil hier nicht alle Sprecherinnen und Sprecher nasalieren – in diesen abweichenden Fällen kommt ein »au«-Monophthong heraus. In vielen Büchern wird dies als »aun« geschrieben, doch habe ich mich entschieden, den Buchstaben »ā« zu verwenden, um deutlicher auf die Nasalierung hinzuweisen und zu vermeiden, dass dabei das »n« zu hören ist (in der Schreibung »ān« folgt aber dem Nasallaut sehr wohl noch ein gutturales »n«, etwa bei »lāng«).

Manche Aussprachen klingen nicht eindeutig, weil man im Alltag mehrere Varianten antrifft. Ein prominentes Beispiel dazu wäre der weibliche Artikel »die«, der mal als »de«, mal eher als »di« zu hören ist; einer einheitlichen Schreibung willen habe ich mich hier durchgehend für die Variante »de« entschieden. Die Verwendung der beiden »von«-Varianten »vo« und »vau« sind der Satzmelodie geschuldet.

Abschließend noch eine weitere persönliche Bemerkung zum *Warum* dieser wienerischen Übertragung: Diese Arbeit hat mir einen Riesenspaß bereitet! Oder treffender: *I håb an so an Koarl ghåbt, dass ma de Uawaschln no zwaa Wochn lāng gschlackat haum!*

Klaus Ebner is 1964 in Wean aufd Wööd kumman und lebt heit mit seina Famülie in Schwechat. In de 80a Joahr håt a Romanistik und Germanistik studiert. Er måcht Prosa, Dazölungan, Romane und Essays, und daun no Gstanzln auf Katalanisch und Deitsch.

Er håt den Weana Werkståttpreis 2007 kriagt, den Zweidn Preis beim »Kurzprosa-Wettbewerb« vom Österr. Schriftstölla/rinnen/vabaund 2010 und den katalanischn Premi de Poesia Parc Taulí 2014.

Des gabats aa no zum Eisackln:
»Warum (... ich schreibe)«, Essay, BoD 2020
»Physikstunde«, Erzählungen, BoD 2020
»Lose«, Kurzgeschichten, BoD 2019
»Hominide«, Erzählung, Wieser Verlag 2016
»Blaus/Bläuen«, Lyrik, Pagès Editors 2015
»Ohne Gummi«, Prosa, Arovell Verlag 2013
»Andorranische Impressionen«, Essay, Wieser 2011
»Dort und anderswo«, Essays, Mitterverlag 2011
»Vermells/Röten«, Lyrik, SetzeVents 2009

www.klausebner.eu